AF339534

UN MOT

CONTRE

LA PROPOSITION

DE M. LAFFITTE,

RELATIVE A LA PART QU'ONT EU QUELQUES LIBRAIRES

PRIVILÉGIÉS

DANS L'EMPRUNT DE 30 MILLIONS.

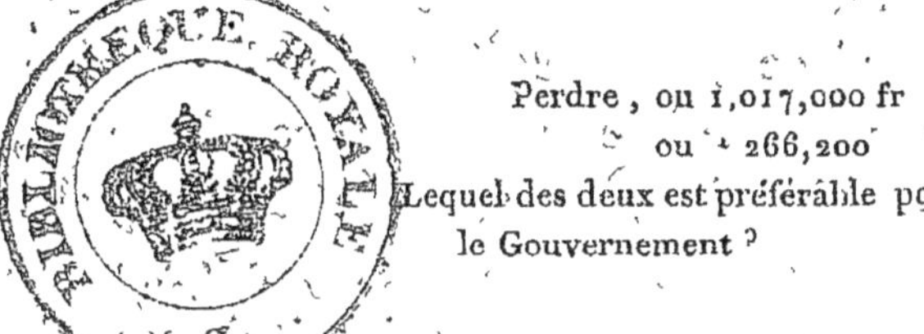

Perdre, ou 1,017,000 fr

ou 266,200

Lequel des deux est préférable pour le Gouvernement ?

Dans la séance du 11 mai 1833, M. Laffitte a développé la proposition suivante :

Art. 1er. Le Ministre des finances est autorisé à libérer en capital, intérêts et frais, les Libraires et Imprimeurs qui ont pris part aux 30 millions de secours ouverts au commerce, et qui offriront l'abandon des ouvrages déposés par eux en garantie.

2. Les dépôts ainsi abandonnés seront mis à la disposition des Ministres de l'Instruction publique et du Commerce, pour

être distribués dans les bibliothèques des départemens et autres établissemens publics.

3. Les Ministres de l'Instruction publique et du Commerce sont autorisés à faire des échanges de gré à gré avec les Libraires.

4. Le montant de ces échanges sera porté au budget du Ministre de l'Instruction publique , et en recettes au budget du ministère des finances.

Les motifs de cette proposition pourraient se traduire ainsi :

La Commission des 30 millions, considérant que les 1,284,000 francs prêtes *soi disant* au commerce de la librairie n'ont été d'aucun se cours à ce commerce , mais qu'ils ont passé, par les mains de quelques Libraires favorisés, dans les coffres des prêteurs de la librairie, auxquels la Commission porte d'ailleurs un grand intérêt; considérant que, si l'on exigeait de ces Libraires. le paiement des sommes qui leur ont été prêtées, ils n'auraient eu d'autre avantage dans cet emprunt que de payer un intérêt de 4 pour o/o, au lieu d'un intérêt usuraire ; que le but de la Commission ne serait point rempli, puisqu'elle a voulu favoriser spécialement ces Libraires, et leur procurer de grands profits, prie M. Laffitte de faire à la Chambre une proposition qui aurait pour résultat : 1° de convertir cet emprunt en vente définitive , de telle sorte que les emprun teurs aient un bénéfice certain, les uns de cent mille francs , les autres de cinquante mille, etc.

2⁰ De faire restituer aux Libraires emprunteurs les meilleurs livres par eux déposés, en échange de livres de peu de valeur, afin d'augmenter encore leurs bénéfices, ce qui a été accepté par M. Laffitte, qui a fait la proposition suivante, etc.

On voit que dans cette traduction, presque littérale, il ne s'agit que d'une question personnelle, et non du commerce de la librairie, sur lequel l'admission ou le rejet de la proposition de M. Laffitte n'aura aucune influence.

Quelle a été l'intention de M. Bavoux en proposant, et de la Chambre en rendant la loi du 17 septembre 1830, qui accorde un prêt de 30 millions au commerce ?

Ça été, sans doute, de venir au secours de la classe ouvrière, et de calmer l'effervescence des ouvriers par le travail.

Il fallait donc faire un appel à tous les commerçans et manufacturiers qui par des travaux commencés ou projetés pouvaient le plus sûrement atteindre ce but ;

Ou du moins, en ne considérant pas la question sous ce haut point de vue, il fallait distribuer ces secours à un grand nombre de petites maisons, que de petites avances auraient sauvées du naufrage.

On a fait tout le contraire : une Commission a été formée non d'hommes politiques, mais de financiers, classe dont on sait que les idées sont généralement rétrécies, avare d'ailleurs de son propre argent autant que prodigue de l'argent des autres. Cette Commission exotique ne s'est entourée que des conseils d'hommes à argent. Elle a consulté les prêteurs, j'allais dire les usuriers de chaque commerce. Les prêteurs ont consulté leurs carnets d'échéance ; puis ils sont allés voir leurs plus forts débiteurs, et leur ont dit : Je vous ferai comprendre dans l'emprunt, mais sous la condition de me payer de préférence et sans délai ce que vous me devez. Cette convention faite, ils ont dit aux membres de la Commission : Nos débiteurs sont les négocians les mieux famés, les plus dignes de votre confiance et des secours du gouvernement ; et les 30 millions ont été, par le canal de quelques marchands privilégiés, engloutis dans les coffres d'un petit nombre d'usuriers du commerce.

C'est ainsi du moins qu'on en a agi pour le commerce de la librairie.

Aussi plusieurs des maisons qui ont participé à cette faveur ont-elles fait faillite immédiatement après avoir emprunté.

M. Auguis a touché du doigt la corde sensible, lorsqu'il a dit à la tribune que *les créanciers de ces Libraires faisaient partie de la Commission des* 30 *millions* : car, si les membres de la Commission n'étaient pas *tous* créanciers directs, il est très probable qu'ils étaient *en partie* créanciers indirects.

M. F. Didot, qui a pris vivement la parole

contre M. Auguis, est prié de dire si le nom de sa maison ne figure pas pour un chiffre considéra ble dans l'emprunt de 3o millions (1).

Partout, dans cette malheureuse affaire, l'in térêt public a été sacrifié à l'intérêt particulier et à la faveur.

M. Lecointe, éditeur de l'*Histoire de la Ré- volution* par M. Thiers, avait obtenu un prêt de 190,000 francs, qu'on a été forcé de réduire parce qu'il n'avait pas, dit on, de marchandises à offrir en quantité suffisante.

Le nom de M. Thiers, alors secrétaire du ministère des finances, n'a-t il pas influencé la décision de la Commission à l'égard de M. Le cointe ?

Les ouvrages du ministre Guizot figurent parmi les livres déposés, c'est dire pourquoi ses éditeurs ont participé aux secours du gou vernement.

M. Dupont, imprimeur, rue de Grenelle St Honoré, dont la fortune n'est pas contestée, a obtenu, sous son nom ou sous celui de M. Gaul tier-Laguionie, son associé, environ 60,000 fr., sans doute pour les faire valoir d'une manière plus avantageuse.

N'est ce pas à l'influence de leur fortune et

(1) On dit que MM. F. Didot se sont libérés depuis envers la Commission avec une mauvaise créance sur la république, qui avait été rejetée sous tous les gouvernemens, c'est à-dire avec un chiffon de papier : C'est un fait à vérifier.

des personnes avec qui cette fortune les met en rapport, que M. Dupont et quelques autres favoris de la Commission ont dû le privilége de leur admission ?

M. ***, qui a obtenu une somme considérable sur le dépôt d'un nombre d'exemplaires du *Répertoire de Jurisprudence*, ne doit il pas cette faveur à ses alliances de famille avec des personnes assez haut placées ? Du moins y a t il de *la justice* dans cette concession.

Une seule personne semble au premier abord désintéressée ; c'est M. Bossange père, auteur prétendu de la proposition, lequel, il faut en convenir, n'a point eu part au gâteau des 30 millions.

Je me suis demandé comment M. Bossange père, qui n'est pas fort sur la langue française, et qui sort tout récemment de l'état de faillite, a pu rédiger, faire imprimer en grand nombre, et distribuer à ses frais, deux brochures sur une question qui lui est étrangère, et dépenser pour cela un argent qui eût été beaucoup mieux employé à satisfaire quelques-uns de ses petits et malheureux créanciers ; mais la question a été résolue pour moi, lorsque j'ai vu que ces brochures sortaient, l'une des presses de MM. Gaultier Laguionie et Dupont, l'autre des presses de MM. Firmin Didot, deux maisons qui ont goûté des 30 millions ; lorsque j'ai appris que M. Bossange fils aîné figurait à ce budget pour un chiffre *fort considérable* ; lors que j'ai vu que l'une de ces brochures contient le catalogue des livres donnés en nantissement, catalogue dont la faveur seule a pu lui obtenir communication ; lorsque j'ai eu lu et médité l'article 3 de la proposition relative aux échan ges, sur l'exécution duquel on m'a donné quelques renseignemens (1).

Cependant, dans un de ses numéros, le *National,* qui n'est point l'ami des prodigalités, a préconisé cette mesure. C'est la première fois, peut être, qu'il marche d'accord avec le minis tère, qui s'est levé tout entier pour la prise en considération. Eh bien! cette anomalie a encore pour cause l'intérêt particulier : quelques Libraires emprunteurs sont propriétaires d'actions du *National.*

La Commission n'était autorisée à prêter que sur des garanties suffisantes.

Dire à la tribune qu'elle a prêté 1,284,000 fr. sur des marchandises dont la vente publique produirait à peine 200,000 fr, c'est ou déclarer qu'elle a *dilapidé les fonds du gouvernement,* ou *faire une allégation entièrement erronée.*

Tout le monde sait que le prix des livres aug mente en raison de leur rareté. Or, les livres dont il est question, ayant été enlevés à la circu

(1) Voyez la note à la page 15.

lation pendant trois ans, ne peuvent qu'avoir augmenté de valeur. Si donc ces livres ne valent à présent que 200,000 francs, ils ne devaient pas valoir 150,000 francs lors du prêt ; la *Commission a donc dilapidé les fonds du gouvernement*, quand elle a prêté 1,284,000 francs sur des marchandises dont la valeur n'était que de 150,000 francs.

Si ces livres représentent une valeur beaucoup plus forte que celle qui est énoncée par M. Bossange ; *son allégation est erronée, pour ne pas dire mensongère et coupable.*

On ne me fera jamais croire que, comme l'a dit M. Laffitte, tous les Libraires débiteurs sont de *malheureux pères de famille, qui se trouvent dans l'impossibilité de satisfaire à leurs engagemens.*

Autrement il faudrait reconnaître que, dans la foule des demandeurs, la Commission aurait bien mal choisi, puisqu'elle aurait choisi tous gens insolvables; et cela ne pourrait s'expliquer que par l'intérêt direct ou indirect que chaque membre pouvait avoir à préférer ceux à la tête de qui elle a jeté les fonds de l'emprunt.

Dans tous les cas, la mesure proposée est celle qui devait le moins se présenter à l'idée d'un homme sensé.

D'après la proposition, non seulement on ferait une transaction ruineuse ; mais les Ministres des Travaux publics et de l'Instruction publique seraient transformés en libraires, exerçant cette profession dans l'intérêt des emprunteurs.

Il leur faudrait exploiter les planches stéréotypées, par conséquent traiter avec des Papetiers et des Imprimeurs, pour faire des éditions de ces livres stéréotypes.

Il leur faudrait faire des échanges, dans lesquels ils seraient nécessairement trompés, par la raison qu'ils pourraient bien connaître la valeur scientifique et littéraire d'un ouvrage, et ignorer sa valeur pécuniaire (1).

Encore si cette mesure pouvait être utile au commerce de la librairie ! mais le commerce de la librairie n'est pour rien dans tout cela. Il ne s'agit que de dérober à tous les regards les erreurs, pour ne pas dire les malversations de quelques financiers ; il ne s'agit que de gorger un petit nombre de libraires, liés, les uns par des escomptes avec des financiers, les autres par leurs éditions avec des auteurs hommes d'État ; il ne s'agit que de donner la sanction de la loi à des dilapidations.

Certes, lorsque la Chambre, si économe, refuse une pension alimentaire aux veuves des généraux Decaen et Daumesnil, elle n'ira pas livrer la curée d'un million et plus à quelques Libraires.

Si, comme le dit l'auteur de la proposition,

______

(1) Voyez la note à la page 15.

les livres donnés en nantissement d'une somme de 1,284,000 francs ne valent que 200,000 fr., les Libraires emprunteurs ont évidemment trompé la Commission. Il semblerait qu'on va proposer de les punir; au contraire; on propose de les récompenser; on propose de sanctionner par une loi la fraude dont ils se sont rendus coupables. On veut bien plus : on veut leur créer la faculté de tromper encore, au moyen d'échanges, dans lesquels les Ministres de l'Instruction publique et du Commerce ne peuvent que jouer le rôle de dupes (1).

C'est par trop fort !

Mais, dira-t on, indiquez un autre moyen d'en sortir.

En voici un qui, je crois, réunira toutes les conditions qu'on peut désirer.

1° Les Ministres seront autorisés à vendre, par la voie des enchères, tous les livres que les emprunteurs déclareront être dans l'impossibilité de retirer.

2° Ces livres seront distribués par lots ; et, pour cette opération, les Ministres pourront s'adjoindre plusieurs Libraires non emprunteurs.

3° Il faudra être Libraire pour être admis aux enchères. Les Libraires emprunteurs qui ne sont point en état de faillite seront admis à enchérir.

(1) Voyez la note à la page 15.

4° Les adjudicataires auront cinq ans (1) pour payer le prix de leurs acquisitions.

5° Les livres resteront déposés dans les magasins du Gouvernement, qui les délivrera au fur et à mesure des demandes de chaque acquéreur, pour une somme qui ne sera pas au dessous de cent francs, avec vingt pour cent en sus à valoir sur le restant dû, de sorte que celui qui prélèvera des livres de son acquisition pour cent francs sera obligé de payer cent vingt francs.

6° Chaque acquéreur sera tenu de payer en sus cinq pour cent par an, savoir : quatre pour cent pour les intérêts, et un pour cent pour les frais d'emmagasinage ; et il sera ouvert à chaque acquéreur un compte d'intérêts sur les registres qui seront dressés à cet effet.

7° Avant la vente, les Ministres pourront prélever les ouvrages qui leur conviendront, en tel nombre qu'ils voudront, à la charge d'en tenir compte aux prix de l'adjudication qui aura lieu, pour ces exemplaires être distribués aux bibliothèques et établissemens publics. Les acquisitions des Ministres seront portées au budget des dépenses du ministère de l'instruction publique.

8° Cette vente aux enchères sera exempte des frais d'enregistrement.

(1) Même dix ans.

9° Le produit de la vente sera porté au budget du Ministre des finances.

10° Les emprunteurs devront au Gouverne ment la différence entre les sommes prêtées et le produit de la vente ; et il leur sera accordé cinq ans (1) pour payer cette différence, en par eux payant les intérêts à quatre pour cent par an.

De cette mesure générale résulteront les avan tages suivans :

1° La somme due au Gouvernement se trou vera réduite de celle que paieront tous les em prunteurs solvables, qui, par pudeur, n'oseront pas afficher une insolvabilité mensongère, de laquelle d'ailleurs ils ne tireraient aucun profit.

2° Les débiteurs embarrassés pourront, avec du temps, se libérer en totalité, et ne seront pas grevés d'intérêts usuraires.

3° Les Ministres pourront, sans bourse dé lier, exécuter la partie du projet qu'on a inven tée pour entraîner les suffrages de la Chambre, c'est à dire enrichir les bibliothèques des dépar temens et autres établissemens publics de livres provenant de ce dépôt, mais du moins de livres à la convenance de ces établissemens.

4° Toute la librairie de France, au lieu d'être ruinée, comme on l'a dit, par l'émission de cette quantité innombrable de livres, recevra de ce mode une nouvelle activité, et pourra faire,

(1) Dix ans même ; il vaut mieux attendre que perdre.

dans l'espace de cinq ou dix années, avec une légère mise de fonds, des bénéfices considérables, qui soulageront bien des familles.

5° Le Gouvernement rentrera, à peu de chose près, dans son capital et les intérêts de son capital ; car les Libraires emprunteurs auront intérêt à ce que leurs livres ne soient pas donnés à vil prix, et feront valoir les enchères.

Parmi les débiteurs de l'emprunt se trouvent, il est vrai, quelques Libraires en faillite ; et ce ne sont pas ceux qui ont eu la plus faible part dans l'emprunt ; mais je crois approcher de la vérité en évaluant à 400,000 francs la dette de ces faillis. Eh bien ! le Gouvernement, en supposant qu'il ne soit pas créancier privilégié, aura encore à recevoir les dividendes.

Ainsi donc, d'après ma proposition, le Gouvernement recouvrerait :

1° Montant des livres retirés par des personnes solvables, soit au comptant, soit dans les délais accordés par le Gouvernement. 800,000

2° Trente pour cent produit de la vente des 484,000 francs de marchandises restant en magasin. . . . 145,200

3° Quinze pour cent, minimum des dividendes dans les faillites, sur 484,000. 72,600

Total. . . 1,017,800

D'autre part.   1,017,800

La perte du Gouvernement ne serait donc que de.   266,200

Somme égale à la somme prêtée.   1,284,000

Or, toute la question financière se réduit à cette proposition:

Perdre , ou   1,017,000 fr.

ou   266,200 :

Lequel des deux est préférable ?

La Commission de l'emprunt ayant enfoui dans ses cartons toutes les pièces relatives à la distribution des 30 millions, j'ai pu me tromper sur quelques détails ; mais tout ce que j'ai dit sur le fond est vrai.

Au reste, la Commission peut aisément confondre ses accusateurs en rendant compte de son administration.

Quant à moi, je l'accuse tant qu'elle n'aura pas fait imprimer :

1° La liste de tous les demandeurs, manufacturiers et négocians, avec l'analyse de leurs demandes.

2° La liste de tous les favorisés , avec la quotité des sommes qui leur ont été prêtées, la nature et la quantité des marchandises qu'ils ont données en nantissement.

3° La liste des emprunteurs qui se sont libérés, en indiquant leur mode de libération.

Quant à la partie de la librairie que je connais, je me fais fort de convaincre la Commission de partialité et d'incapacité.

Mais cette impression n'aura pas lieu ; trop de fronts auraient à rougir.

En attendant, moi qui, sans craindre un dé menti, peux affirmer que je n'ai aucun intérêt, direct ni indirect, dans cette affaire, j'ai cru devoir porter la lumière sur des machinations ténébreuses, avertir M. Laffitte qu'il est le jouet de l'intrigue, et empêcher la Chambre de tomber dans un piége tendu avec beaucoup d'adresse.

Paris, 7 juin 1833.

L.-M. GUILLAUME,

Ancien Imprimeur-Libraire,

Note. J'avais cru d'abord que toute la librairie de Paris et des départemens devait être appelée à concourir à ces échanges. Je me suis trompé. Déjà, sûr de l'adoption du projet de loi, et comme si la Chambre était composée de marionnettes qu'il fera mouvoir à son gré, M. Bossange père a envoyé une note et des livres de dépôt et des livres d'échange aux bibliothécaires des départemens, en les invitant à désigner les ouvrages qui leur conviennent.

Les livres déposés sont de peu de valeur, mais les livres d'échange valent beaucoup moins.

Ce sera donc une spéculation *extraordinairement* avantageuse que d'échanger.

On tâchera de faire accepter aux prix forts des catalogues, à *cinq* francs, par exemple, le volume, les ouvrages de peu de valeur qu'on donnera en échange, et d'obtenir contre, à *un* franc le volume tout au plus, les ouvrages du dépôt, qu'on recevra en échange, (ceux nécessairement qui ont conservé leur valeur) ; et l'on parviendra ainsi à ne laisser au dépôt que des *bouquins* qui, au lieu d'aller chez l'épicier, iront *enrichir* les bibliothèques des départemens ; et l'on réalisera un bénéfice clair et net de 80 pour o/o. Du moins voilà ce qui est probable.

Les livres d'échange dont M. Bossange père a envoyé la notice aux bibliothécaires sont, on s'en doute d'avance, extraits des catalogues des Libraires emprunteurs ; mais aussi on remarquera que plusieurs sont extraits du catalogue de M. Bossange père.

Toute peine mérite salaire. Il est trop juste de dédommager M. Bossange père des peines inouies qu'il s'est données dans cette affaire, des frais d'impression, de papier, et de distribution de ses deux brochures.

Heureux pour la morale publique, si, dans un moment où l'on tire parti de tout, des hommes de marque et d'influence n'ont point leur bonne part dans ce pillage.

Se trouve, à Paris,

Chez B. FONTAINE, libraire,

Rue Hautefeuille, n° 14.

IMPRIMERIE DE DEZAUCHE, FAUB. MONTMARTRE, N. 11.